Caza furtiva de parejas

-psicología del adulterio-

Phillip A. Johansen

Editorial Anuket

Índice:

Capítulo 1
Principios básicos

Una tentación frecuente de la psicología es llevar la infidelidad y el amor de vuelta a instancias subconscientes, "profundas". Las razones que empujan a las personas a comportarse de manera aparentemente irracional, especialmente cuando se trata de sentimientos, son incluso más profundas que el inconsciente psicoanalítico. Hacen referencia a las razones "reales" por las que los seres humanos existen, al menos desde un punto de vista evolutivo: para sobrevivir y reproducirse.

Este apartado resume una charla TED en la que la antropóloga Helen Fisher habla sobre la infidelidad. El amor, dice Fisher, no es tanto una emoción como un sistema neuronal, uno de los tres que gobiernan el apareamiento y la evolución.

Son precisamente estos dos últimos sistemas los que explican por qué la gente engaña, incluso cuando le dan tanto valor al amor.

Vemos la infidelidad representada en todas partes, a veces en las fantasías, a veces en la vida real. Sin embargo, aunque leer que la infidelidad tiene que ver con el funcionamiento del cerebro es perturbador, y aunque los siguientes puntos puedan resultar incómodos y desagradables, pueden ayudarnos a tener una idea más completa y exacta de por qué se traiciona:

1. La formación de parejas es un sello de humanidad.

Los datos demográficos de EE. UU. entre 1947 y 1992 indican que aproximadamente el 93,1 % de las mujeres y el 91,8 % de los hombres se casan antes de los 49 años. Cifras más recientes indican que alrededor del 85% de los estadounidenses se casan, en total.

2. La monogamia es solo una parte de la estrategia reproductiva humana.

La infidelidad está muy extendida. Los estudios actuales de parejas estadounidenses indican que del 20 al 40 % de los hombres heterosexuales casados y del 20 al 25 % de las mujeres heterosexuales casadas tienen al menos una relación extramatrimonial durante su vida.

3. La arquitectura del cerebro puede contribuir a la infidelidad.

Los seres humanos tienen tres sistemas cerebrales primarios que gobiernan el amor: 1) el del impulso sexual , que evolucionó para motivar a los individuos a copular con otros individuos; 2) el del amor romántico, que evolucionó para motivar a los individuos a invertir el tiempo y los recursos necesarios para aparearse con un solo individuo, ahorrando así recursos y energía metabólica; 3) el del apego a la pareja, que ha evolucionado para motivar a las parejas a permanecer unidas hasta que al menos un hijo sea relativamente autosuficiente.

Estos sistemas neuronales básicos interactúan entre sí y muchos más, en innumerables combinaciones posibles, para proporcionar las emociones, motivaciones y comportamientos necesarios que orquestan la compleja estrategia reproductiva humana.

Sin embargo, tal arquitectura neuronal hace posible albergar sentimientos de profundo apego por una pareja, mientras se siente un intenso amor romántico por otra persona, o mientras se siente atracción sexual por un tercero, extraño para la pareja.

4. La infidelidad siempre ha sido un fenómeno intercultural.

Era común entre los antiguos romanos y griegos, los europeos preindustrializados, los japoneses, chinos e indios de la historia, así como entre los inuit tradicionales del Ártico, los kuikuru de la jungla de Brasil, los kofyar de Nigeria, los turu de Tanzania y muchas otras sociedades tribales.

5. Son posibles más tipos de infidelidad.

Los investigadores ampliaron la definición de infidelidad para incluir la infidelidad sexual (intercambio sexual sin ningún compromiso romántico), la infidelidad romántica (intercambio romántico sin compromiso sexual) y una en la que ambos compromisos están presentes.

6. Muchas variables psicológicas, culturales e incluso económicas juegan un papel en la frecuencia y expresión de la infidelidad.

Pero una cosa está clara: la infidelidad es un fenómeno mundial, que ocurre con notable regularidad a pesar de su desaprobación casi unánime.

7. La caza furtiva de socios es una tendencia creciente.

Una encuesta reciente de estadounidenses solteros reveló que el 60 % de los hombres y el 53 % de las mujeres admiten participar en la llamada caza furtiva (o depredación) de parejas, cortejando a personas en relaciones estables para tratar de robárselas a su pareja actual. La caza furtiva de parejas es común en al menos otras 30 culturas.

8. La infidelidad no necesariamente indica una relación problemática (al menos hasta que se descubre).

Independientemente de la correlación entre la insatisfacción en la relación y el adulterio, entre las personas infieles en un estudio, el 56 % de los hombres y el 34 % de las mujeres dijeron que estaban "felices" o "muy felices" en su matrimonio, lo que sugiere a los investigadores que la biología juega un papel en la traición.

9. Algunos estudios muestran la posibilidad de que la infidelidad sea, al menos en parte, genética.

Esto no quiere decir, como muchas otras cosas determinadas genéticamente, que el resultado sea automático y definitivo y que no se pueda hacer nada al respecto.

Sin embargo, en 2008, Hasse Walum, científico del Departamento de Epidemiología Médica y Bioestadística del Karolinska (Suecia) y sus colegas investigaron si los genes son capaces de influir en los comportamientos de apareamiento en humanos y en qué medida. Se examinaron 552 parejas, todas ellas casadas o convivientes desde al menos cinco años. Los hombres que portaban el alelo 334 de vasopresina en una región específica del sistema de vasopresina obtuvieron una puntuación significativamente más baja en la escala de vínculo de pareja, mostrando menos sentimientos de apego hacia su esposa o pareja. Además, sus puntajes fueron dependientes de la dosis, lo que significa que los hombres con este gen en copia doble informaron puntajes más bajos, seguidos por aquellos con un solo alelo. Los hombres con el gen 334 también informaron más convulsiones maritales (incluido el riesgo de divorcio) durante el año anterior, y los hombres con la copia doble de este gen tenían aproximadamente el doble de probabilidades de haber experimentado tales conflictos, en comparación con los hombres que habían heredado solo una copia del gen.

Este estudio no midió la infidelidad directamente, sino varios factores probablemente relacionados con ella.

10. Varios estudiosos han propuesto teorías para explicar la evolución del adulterio en los humanos. Los antropólogos especulan que los machos infieles se reproducían con mucha más frecuencia que los machos fieles durante la prehistoria, sentando así la base genética del apetito sexual en los hombres contemporáneos. Por su parte, las mujeres prehistóricas infieles podían disfrutar de mayores recursos económicos a través de sus parejas extras, incluso en forma de machos adicionales para cuidar de la descendencia en caso de que la pareja principal falleciera o se fuera. Además, dar a luz a un niño con uno de estos compañeros adicionales podría aumentar la variedad genética de los descendientes.

La infidelidad ofreció recompensas biológicas inconscientes a los hombres y mujeres prehistóricos, perpetuando así hasta el día de hoy la base biológica de la traición en ambos sexos.

¿Por qué la gente engaña?

Hacer trampa generalmente se condena y es difícil de aceptar, pero puedes entender lo que hace que una persona busque una relación paralela. Desde un punto de vista psicológico, el engaño se asocia con la división de la propia imagen y la imagen de un compañero en "buena" y "mala"; con trastorno de apego y conflictos de la fase edípica. Al cambiar, inconscientemente tratamos de formar un triángulo de relaciones que será más estable que las relaciones en una díada. Y en este sentido, engañar es una forma de mantener las relaciones de pareja sin cambiar nada en ellas, evitando la confrontación abierta y reconociendo que las relaciones están pasando por una crisis. Veamos cómo se llevan a cabo estos procesos:

¿Qué pasa con la división?

La escisión es una defensa a la que recurrimos cuando a la psique le resulta difícil resistir la ambivalencia: darse cuenta de que el mismo objeto o fenómeno puede ser malo y bueno al mismo tiempo. ¿Cómo surge este mecanismo? Un niño pequeño no puede correlacionar que la madre que lo cuida y la madre que a veces castiga son la misma persona. El niño recibirá esa oportunidad durante aproximadamente 2-3 años, si las etapas anteriores de desarrollo mental pasan con éxito. Pero si esto no sucedió, entonces, incluso como adulto, una persona recurrirá a la división.

En una situación de infidelidad, la escisión funciona así: la vida dentro y fuera de la pareja se divide en "buenas" y "malas". Pueden existir diferentes imágenes del "yo" al lado de una pareja permanente y en compañía de un amante. También dotamos a las parejas de cualidades polares: atractivas o repulsivas. Por ejemplo: el esposo es inerte y el amante es sexy; aburrido con su esposa, interesante con su amante; el marido es codicioso y desatento, el amante es sensible y generoso.

El complejo "Madonna-ramera"

Un ejemplo clásico de escisión es el complejo Madonna-Whore. Esta es una situación en la que amamos a una persona, pero tenemos deseo sexual por otra. Y luego la actitud hacia cada uno de los socios se divide en tierna y sensual.

Por ejemplo, un hombre no siente pasión por su esposa, que "besa a nuestros hijos con esos labios", y por ello, ella recibe respeto, cuidado y ternura. Al mismo tiempo, la amante, que implícitamente se presenta como "degradada", indigna del mismo respeto que la esposa, provoca una tormenta de deseos sexuales. Y a veces ante los ojos externos surge la pregunta ¡cómo puede traicionar su bella y sofisticada esposa, con otra mujer de apariencia y modales menos interesantes? ¿Por qué pasa eso?

Desde la niñez, experimentamos ternura y sensualidad por los padres, pero luego se reprime la atracción sensual. Lo ideal es que encontremos una pareja en la que combinemos estos dos comienzos. Si esto falla, surge un conflicto interno: el complejo de la Madonna-Ramera. Su esencia es que todos los socios están inconscientemente divididos por nosotros en dos categorías: aquellos que tienen cualidades parentales (cuidadores, fieles, confiables) y los que son todo lo contrario (frívolos, liberados, viciosos). Con una pareja de la primera categoría, la relación sexual es imposible porque es impensable con un "padre"; con los socios de la segunda categoría no se está permitido tener ternura, porque él no es un "padre". Freud lo describió con las palabras: "Cuando aman, no quieren poseer, y cuando poseen, no pueden amar".

Un compañero complementario

Cuando la imagen que tenemos de nosotros mismos está dividida, aceptamos una parte de nosotros mismos e ignoramos la otra. Entonces buscaremos un socio que, por así decirlo, nos complemente al todo. Se convertirá en la encarnación de lo que rechazamos en nosotros mismos. Por ejemplo, me niego a mí mismo la suavidad y la necesidad de protección, y elijo un compañero que asumirá el papel de los débiles. Y la pareja, por el contrario, no reconoce la posibilidad de ser fuerte y dominante y espera esto de mí.

En tal pareja, el compañero encarna la cualidad que el otro rechaza en sí mismo. Pero las personas no siempre pueden estar a la altura de las expectativas inconscientes de los demás. Y si uno de los socios deja de cumplir el papel habitual, puede aparecer en la pareja un tercero, que lo asumirá por sí mismo.

Traición y tabú

La traición está asociada con otro concepto del psicoanálisis: el tabú. Esta es una prohibición sagrada que está almacenada en nuestra psique. Al mismo tiempo, el tabú es atractivo, de ahí el deseo secreto de romperlo. Uno de los tabúes, el incesto, lo experimenta vívida y agudamente un niño de 5 a 6 años, en la fase edípica. En este momento, la libido del niño se dirige hacia el progenitor del sexo opuesto. Sueña con eliminar a su padre y poseer a su madre, o viceversa, y estas fantasías le causan vergüenza y miedo al castigo (lo analizaremos más detenidamente en el cap.3).

Si el niño pasa por esta fase, entonces reconoce que los padres como socios se pertenecen solo el uno al otro, y acepta la prohibición de los deseos sexuales para el padre. Habiendo madurado, podrá dirigir su libido a otro objeto, para crear una conexión madura.

Si el niño está atascado en la fase edípica, su libido sigue estando dirigida hacia la figura paterna. Y porque siente que está mal, que es un tabú, siente vergüenza y horror. En el fondo, quiere ser castigado, quiere que el padre le niegue la conexión deseada. Este conflicto se manifiesta en la infidelidad de la siguiente manera: el esposo busca una relación al margen, sabiendo que es ilegal y "prohibido". Al entrar en él, romperá tabúes y acuerdos en las relaciones, y puede ser castigado por su esposa si se entera. Otro ejemplo es que una esposa percibe a su esposo como una figura paterna y pierde el deseo por él para no romper el tabú. Y así puede aparecer un tercero en una relación, que no parece un progenitor y el sexo con quien "no está prohibido".

El engaño como forma de evitar la intimidad

Sucede que una pareja que es propensa a engañar ha tenido una experiencia dolorosa con los primeros adultos significativos. Si lo rechazaban, eran fríos o agresivos, entonces desarrolló un tipo de apego evitativo. Estas personas consideran que el contacto emocional es destructivo, amenazante y, por lo tanto, lo temen. Se manifiesta así: quiero intimidad, pero temo que el escenario se repita: seré rechazado y volveré a caer en el abismo de la desesperación. Cuanto más estrecha es la relación, mayor es la amenaza. "Si hago trampa, obtengo intimidad sexual, evitando la intimidad interpersonal. Mantendré a mi amante a distancia, y esto me protegerá del dolor, cuyas fantasías me atormentan".

¿Cuál es el significado de la traición?

El significado de hacer trampa no tiene tanto que ver con el sexo como con la lujuria: la lujuria por la atención, la lujuria por sentirse especial, la lujuria por sentirse necesitado.

Hacer trampa es una experiencia dura que duele a ambos. Uno experimenta dolor y el otro siente culpa por ese dolor. Sin embargo, la traición es recuperable y, en ese sentido, nos empuja a cambiar. Podemos perdonar a un compañero y superar la crisis en una pareja a través del trabajo conjunto, donde el engañado vive rabia, dolor y desesperación, y el engañador reconoce el daño hecho. O... separarse de una pareja y dejar espacio para una nueva relación.

Capítulo 2
La caza furtiva sexual

Si a un hombre que está en constante búsqueda de nuevas mujeres, con ganas de conquistar y poseer, se le llama Don Juan, Casanova y, en el lenguaje común, mujeriego, entonces, ¿cómo llamar a una mujer que hace lo mismo? Y, aunque el ansia de coquetería en las mujeres, en la mayoría de los casos, está dentro del rango aceptable, hay algunas excepciones. Mirando a través de la literatura relevante, esto es lo que logramos deducir de allí:

Ninfomanía: (del griego nimphe - "novia, muñeca" + "manía"), o andromanía, es un aumento patológico (causado por anormalidades fisiológicas) del deseo sexual en las mujeres por varias parejas.

Un fenómeno similar en los hombres se llama "Satiriasis" (del griego satyros - "sátiro"): en este caso, en el contexto de un deseo sexual patológicamente aumentado, un hombre no siente satisfacción y busca nuevos contactos sexuales.

Libertinismo (libertinaje): En pocas palabras, esto es donjuanismo por convicción. Hoy en día, este término se usa cuando se trata de amor libre. Aunque inicialmente esta palabra significaba un poco diferente. A fines del siglo XVII, este fue el nombre que se le dio a la filosofía que niega las normas generalmente aceptadas (principalmente las morales). Por primera vez, este término fue aplicado por la figura religiosa Juan Calvino en relación con la secta anabaptista holandesa, que, en particular, predicaba la socialización de los bienes y de la mujer. Con el tiempo, la palabra pasó a significar la libertad de las restricciones, en particular las impuestas por las normas sociales, morales y religiosas.

Las palabras y definiciones serias me hicieron pensar y mirar algunas situaciones de una manera completamente diferente. Por supuesto, las desviaciones dolorosas explican todo, pero quiero hablar de otra cosa: del coqueteo, del que a las mujeres les encanta abusar, sin pensar si están coqueteando con un hombre libre, un compañero de trabajo o con el esposo de su amiga.

Si una mujer tiene por objetivo conquistar a un hombre para casarse o encontrar una pareja, nadie la condenará por tales deseos naturales. Ella será enjuiciada, en sentido figurado, cuando comience a "cazar en tierras extranjeras" o "cazar furtivamente".

Los intentos de quitarle el esposo o el novio a una amiga (o desconocida) a menudo no brindan satisfacción, sino que destruyen amistades anteriores e incluso remueven algún tipo de complejo en el alma. Pero, ¿por qué una mujer no puede abstenerse de "cazar furtivamente" de todos modos, es decir, "atrapar" todo lo que tiene a mano, sin pensar en las consecuencias?

Los psicólogos dicen que la razón de este comportamiento es la baja autoestima, la falta de confianza en su propio atractivo y relevancia. Por eso, una mujer trata de afirmarse constantemente, en todas las situaciones y condiciones. Necesita pruebas de que es atractiva, de que es exitosa, sexy, interesante, etc.

Por cierto, las mujeres a menudo se comportan de esta manera, estadísticamente, después de un divorcio o una ruptura en las relaciones cercanas con un hombre. A nivel fisiológico, este comportamiento puede explicarse por el aumento de los niveles de hormonas masculinas. A nivel psicológico, esto puede explicarse por la inmadurez emocional o, a partir de cierta edad, por la sensación de "salir en el último carruaje".

La segunda razón de tal comportamiento de las mujeres puede ser una hostilidad velada hacia el sexo opuesto. En tales casos, una mujer simplemente se complace en cautivar a un hombre, le infunde esperanzas de que la relación continuará, e inmediatamente lo deja desconcertado y confuso, y luego una y otra vez trata de conquistarlo y se retira de nuevo (histeria).

Es cierto que un hombre fuerte y seguro de sí mismo no tolerará ese comportamiento durante mucho tiempo y ya no sucumbirá a los trucos, por lo tanto, los hombres mediocres y de voluntad débil se convierten en víctimas de las "cazadoras", ya que son fáciles de cautivar y de doblegarse ante la mujer. Hay que destacar principalmente al grupo de hombres que en su camino al altar ha carecido de experiencias con el sexo opuesto. Ve a cada mujer como un tesoro inalcanzable. No importará si está casado, cada mujer que le ofrezca una pícara sonrisa, la tomará como pago de una deuda pendiente a su inmadura personalidad. Del lado femenino, hasta cierto punto, al conquistar a tales hombres, una mujer solo se fortalece en la corrección de su actitud hacia el sexo masculino en general.

¿Y qué pasa con aquella cuyo hombre se ha convertido en objeto de atención de las "cazadoras furtivas"? Para empezar, solo necesita calmarse y no encender los celos o la irritación. Después de todo, debe entender que esa mujer no necesita a su hombre, sino atención. Acérquese, hable con ella, hágale un par de cumplidos, porque no importa de quién sea la atención que consiga: necesita popularidad, ¡así que déjela conseguirla! Una "cazadora frecuente" necesita no tanto la atención de un hombre como los celos de su compañera para demostrar su poder. Así que, modere los celos que surgen, no se deje manipular.

No regañe a su hombre, al contrario, sea más suave, más cariñosa, bromee, no intente hacer un escándalo o coquetear con otros hombres para fastidiarlo. Sin duda él apreciará el hecho de que le otorgue la oportunidad de ser galante con otras mujeres.

Si está de visita o en una fiesta, comuníquese con otras personas por placer, muestre interés en sus asuntos, baile, pero no se permita esconderse en un rincón y sentarse de mal humor, causando malevolencia en el "cazador" y requiriendo piedad en los demás.

Cazadores furtivos inmorales a la caza

La caza furtiva con fines sexuales se está generalizando cada vez más. Las mujeres no son peores que los hombres, pero encuentran a los cazadores extremadamente inmorales por eso.

Las revistas de espectáculo están llenas de historias de mujeres traicionadas que comenzaron una nueva vida porque su amado esposo fue seducido por una compañera de trabajo o, peor aún, por una amiga. Investigadores de la Universidad de Ciencias Sociales y Humanidades y la Universidad de Gdańsk (Polonia) han estado estudiando el fenómeno de la caza furtiva sexual durante varios años. Recientemente, verificaron cómo los jóvenes que viven en relaciones a largo plazo perciben a los cazadores furtivos. Y resultó que, aunque las relaciones a largo plazo llevan a hombres como a mujeres a incursionar en la búsqueda de alternativas amorosas, para el primero, este hecho no es una vergüenza. Por otro lado, una mujer que seduce al marido de otra mujer para un romance a corto plazo no puede contar con la piedad y el perdón, y otras mujeres se encargarán del ostracismo social. Pero como enfatizan los autores de la investigación, Hanna Brycz, Dariusz Majewski y Anna Miękczyńska, los hombres no piensan tan mal sobre los cazadores furtivos de su mismo sexo.

Los estereotipos que siempre se han impuesto son el de una mujer moralmente pura en el ámbito sexual y el de un hombre que se entrega a los impulsos eróticos. Sin embargo, es sorprendente que sean las mujeres las que perpetúen los prejuicios y estereotipos contra otras mujeres.

El fenómeno de la caza furtiva sexual fue investigado por primera vez por los sociobiólogos David Schmitt y David Buss, de la Universidad de Texas en Austin, quienes describieron el mecanismo de ganar una pareja que ya tiene una relación estable, para una aventura corta, pero emocionante, o para una nueva relación estable. Resulta que esta cacería está dictada en gran medida por impulsos inconscientes, no por una elección mezquina y deliberada.

Las estrategias de seducción más típicas para la caza furtiva sexual son el orgullo por la "belleza" (funciona bien para las mujeres) en creerse que puede tener al hombre que quiera; y por otro lado "la generosidad", es decir, la riqueza de la cartera (estos para los hombres), sugiriendo que puede invertir en el romance más que otro rival (o la pareja estable de ella), para finalmente tentar con sexo fácil.

Echemos un vistazo a Internet, que hace que la caza furtiva sea mucho más fácil. Ayuda a ocultar la identidad y mostrarse desde un lado completamente diferente, y no estoy hablando de crimen o pedofilia, sino de establecer relaciones personales normales en línea.

En cuanto a "presumir de belleza", realmente es una estrategia que a la mujer le otorga réditos; después de todo, la industria cosmética no existiría en absoluto si las mujeres no tuvieran que estar constantemente bonitas y seductoras, incluso cuando alcanzan la edad adecuada. Por su lado, los hombres deben demostrar solvencia económica para cazar con eficacia.

La belleza en los hombres también es importante, no solo la riqueza de la cartera. Las hembras en su mayoría están cubiertas por el macho dominante, el alfa, el líder de la manada. Pero a menudo sucede que las hembras eligen a sus propias parejas, la mayoría de las veces jóvenes y guapos. Curiosamente, durante el coito con el macho alfa, emiten fuertes sonidos de placer, y cuando se acercan al macho joven, guapo, pero de menor rango, solo muestran los dientes.

Es decir, las mujeres que "sucumben a los romances fugaces" se ven afectadas por parejas guapas, especialmente aquellas con "rasgos simétricos".

La simetría está asociada con un buen material genético. Es así como se asocia en nuestras cabezas que las personas guapas y de rostro simétrico son muy deseables sexualmente, tanto mujeres como hombres.

El deseo por el sexo

La gente siempre ha tenido sexo, de lo contrario no estaríamos hablando, pero el hecho de que el interés por el sexo crece todo el tiempo, se lo puede ver en los medios, anuncios, que se basan en nuestros impulsos, no solo en los sexuales. Seguramente el sexo es hoy más sofisticado y la gente más consciente de su sexualidad. Sin embargo, la corriente feminista que ha surgido ha hecho que las mujeres se sientan más como compañeras, sobre todo en culturas individualistas a las que también pertenecen. Y más a menudo se comportan de manera similar a los hombres: luchan por salarios cada vez más altos, emancipación, carrera, prefieren ser más independientes, viven como mujeres solteras y eligen solo parejas sexuales que sean atractivas. Y si aparece un niño en el camino, no es obstáculo para la mujer. O se protege contra el embarazo desde el principio o da a luz al niño y lo cría sola; después de todo, es suyo, y no importa que no sepa quién es el papá. Gracias a la investigación, resulta que, en las cacerías sexuales, en el trote de hombres felices, las damas no son inferiores a los hombres.

Es muy conocida la anécdota de un presidente de los Estados Unidos, y que en su honor surgiera el llamado "Efecto Coolidge". Él y la primera dama visitaron una vez una granja. La pareja presidencial paseó por la finca. En el patio la mujer del presidente vio un gallo persiguiendo y copulando con una gallina. Le preguntó al granjero con qué frecuencia podía hacerlo el gallo. Docenas de veces al día, escuchó. "Entonces, por favor, pásele esto a mi esposo", pidió la Sra. Coolidge. Después de pensarlo un momento, el presidente preguntó si el gallo copulaba con la misma gallina todas las veces. "Por supuesto que no", respondió el granjero. "Por favor, pásele esto a mi cónyuge".

Caza furtiva sexual

Según el estudio de Schmitt/Buss, casi 9 de cada 10 encuestados admiten que fueron persuadidos por alguien para engañar a su pareja. Aproximadamente una de cada tres personas obtiene su felicidad amorosa al destruir otra relación.

El fenómeno de la "caza furtiva sexual" se juzga en términos de moralidad, no de eficiencia. Las mujeres que "envenenan", a diferencia de los hombres, son juzgadas como más inmorales. A los hombres no les gustan las mujeres que son tentadas, y les disgustan aún más otros "cazadores furtivos".

Por qué ocurre

¿Es un fenómeno generalizado? ¿Es típicamente hombre o mujer? Pero, ¿cuánto afecta a una relación de pareja? ¿Se puede ser reincidente?

Si A se compromete con B y C intenta con B y por eso B deja A para unirse a C, ¿estamos seguros de que en el futuro B no dejará a C para comprometerse con D? Cualquier referencia a cartas existentes o eventos reales es pura coincidencia. No, no me voy a quedar sin letras, lo que pasa entre la B y la C en inglés se llama "Mate Poaching" que traducido literalmente es "compañero furtivo" o "robo de novio". Una investigación de 2004 publicada en APA -La Asociación de Psicólogos Estadounidenses-, había analizado el fenómeno de la "Mate Poaching a nivel mundial y había destacado que el 63% de los hombres y el 54% de las mujeres al momento de la entrevista habían iniciado su relación sentimental luego de haber "descartado" a la antigua pareja. Los investigadores (alrededor de un centenar de 53 países diferentes), coordinados por el Dr. David Schmitt, que entrevistaron a 16.954 voluntarios de ambos sexos y de diferentes edades constataron que el fenómeno de la "Mate Poaching" estaba más extendido en Europa y América del Sur, mientras que estaba menos extendido en África y Asia.

Una segunda investigación, realizada esta vez solo en Estados Unidos y Australia y dirigida por el psicólogo social Joshua Foster de la Universidad del Sur de

Alabama, fue más allá; de hecho, analizaron qué diferencias había entre las parejas surgidas con dos personas libres de ataduras y aquellas en las que un miembro de la pareja había "abandonado" al antiguo novio o novia, para formalizar con uno nuevo.

Para entenderlo, los investigadores realizaron tres estudios, en el primero de los cuales entrevistaron y siguieron durante nueve semanas a una muestra de 138 voluntarios de ambos sexos y con una edad media de veinte años. En este primer estudio se comprobó que quienes habían "dejado" a la antigua pareja por la nueva también eran los que más engañaban, se sentían menos conectados con la nueva pareja porque estaban menos satisfechos con la relación actual y también miraban a su alrededor buscando nuevos socios. En cambio, los entrevistados que se comprometieron sin haber tenido que terminar ninguna relación preexistente fueron los más satisfechos con el vínculo sentimental del momento y que ni siquiera miraban a su alrededor en búsqueda de nuevos brazos.

Los investigadores realizaron un segundo estudio, esta vez con otra muestra de 140 individuos de ambos sexos que fueron seguidos durante 10 semanas. También en este caso quienes habían "dejado" a la pareja anterior por la nueva habían mostrado la misma actitud que los de la primera investigación, es decir, eran los más insatisfechos e infieles.

Estos dos estudios, por tanto, no hicieron más que confirmar el mismo comportamiento de quienes dejaban a la antigua pareja por la nueva, es decir, la insatisfacción con la relación existente, lo que motivó a los investigadores a realizar un nuevo estudio en el que tratar de analizar no sólo el comportamiento sino también el carácter de los voluntarios. En el último estudio, por tanto, realizado sobre una muestra de 219 individuos de ambos sexos, además de las habituales preguntas sobre sus relaciones, también se hicieron preguntas para evaluar su carácter y personalidad, resultando que las personas que habían abandonado a la pareja anterior para unirse a la nueva eran generalmente personas pasivas, poco sociables, irresponsables y narcisistas y se supone ser esta la razón por la que buscaban constantemente a la pareja ideal.

Capítulo 3
El complejo de Electra

El complejo de Electra es un concepto de la teoría clásica del psicoanálisis, que es la contraparte femenina del complejo de Edipo. Lleva el nombre de la heroína de la mitología griega antigua, Electra, la hija del rey Agamenón, quien ejecutó a su madre por el asesinato de su padre. Este término fue propuesto por primera vez por el psiquiatra y educador suizo Carl Gustav Jung en 1913 en su obra científica "Una experiencia para describir la teoría psicoanalítica". En la mayoría de los casos, el complejo de Electra es característico de las mujeres que crecieron en familias monoparentales, donde la figura del padre se percibe como algo sagrado y los recuerdos asociados con él a menudo se idealizan.

Un poco de historia

Las leyendas sobre Electra tienen diferentes interpretaciones: en primer lugar, las tragedias de Esquilo, Eurípides y Séneca. La esencia del conflicto se puede representar de la siguiente manera: primero, Clitemnestra, la madre de Electra y Orestes, en alianza con su amante Egisto, mata a Agamenón, su esposo.

Pasan los años, Orestes y Electra crecen y deciden vengar a su padre: Orestes, guiado por su hermana, mata a su madre y a Egisto.

Mirando más de cerca esta historia, prestemos atención a la historia de una niña que está experimentando agudamente la pérdida de su amado padre (por fallecimiento o por abandono familiar).

Hasta los seis años, Electra vivió como princesa en un palacio de Micenas con su padre, Agamenón, un rey poderoso. Ella creció como una "hija de papá", una de las favoritas. Se puede suponer que la pequeña Elektra ya idolatraba a su padre.

Más tarde, durante la ausencia de diez años de su padre, que se fue a la guerra de Troya, se intensifica su deseo de idealización.

Y la muerte de Agamenón a manos de Clitemnestra hace que Elektra fije para siempre la imagen ideal de un padre valiente, amoroso y protector, una imagen que ya no se puede corregir en la realidad.

Si al principio una fantasía positiva sobre un padre ayuda a una mujer, dándole una sensación de esperanza, entonces, con el tiempo, se vuelve destructiva, porque no le permite seguir viviendo su vida.

Esta mujer vive en una relación paterna idealizada, sin lograr tener una relación real. No le queda energía para seguir su propio destino.

"La favorita de papá", quien perdió a su padre, no solo está pasando por un trauma personal severo. Ella cae en la trampa cercana de un patrón arquetípico de comportamiento que puede afectar toda su vida futura.

¿En quién se puede reconocer hoy a la antigua Electra y cómo liberarte del poder del mito?

Una niña que perdió a su padre a una edad temprana y sin saberlo lo idealiza durante muchos años. Una hija que sigue rebelándose contra su madre incluso después de pasada la adolescencia. Una adolescente a la que le atraen más los sueños de chicas que las relaciones reales. Una mujer que no puede realizarse de ninguna manera en la profesión...

Muchas de esas niñas y mujeres cercanas a estos estilos de comportamiento viven el mito de Elektra en sus vidas.

El "Complejo de Electra" es precisamente un complejo de sentimientos, conflictos internos y vivencias que no puede reducirse únicamente a la idealización del padre.

Otra faceta suya es una relación rota con su cuerpo y su propia sexualidad, cuyo motivo es la difícil relación de Electra con su dominante madre, Clitemnestra. La madre no comparte el dolor de su hija que perdió a su padre, además, devalúa su pérdida en todos los sentidos.

Clitemnestra encarna los aspectos negativos del arquetipo de la madre de Elektra. La madre absorbente no permite que su hija crezca, se desarrolle personalmente ni experimente alegría, creatividad y libertad.

En un nivel más global, niega la singularidad y la individualidad de su hija. Es especialmente importante que la imagen materna negativa rompa la conexión de Electra con su "yo" femenino, con su sexualidad.

Cómo se manifiesta

Entre los expertos, se cree que normalmente este complejo se manifiesta en niñas de 5 a 6 años, cuando comienzan a idealizar la figura de su padre y, por el contrario, sienten antipatía hacia su madre y la perciben como una rival en el mundo, por lo que luchan por la atención paterna. Se teoriza, que quizás este sea el antecedente por lo que ya, de adultas, se sientan atraídas por los hombres comprometidos, que vienen a reemplazar al padre, y a la esposa del potencial amante, como a su madre. El triángulo se vuelve a formar, y la actual mujer compite por la atención del hombre, ubicando a la esposa de éste como su contrincante.

Veamos cómo se comporta el complejo de Electra en la niñez, y comparémoslo con el actuar de la mujer adulta.

A una edad más temprana, el complejo de Electra se manifiesta tratando de pasar el mayor tiempo posible con el padre y exigiendo un contacto táctil constante. Durante este período, es posible que las niñas no presten atención a las solicitudes de su madre, se pongan celosas cuando sus padres se intercambian sentimientos mutuos y, literalmente, "prueban" la imagen de su madre por sí mismas: se ponen su ropa y copian el comportamiento. En tales casos, los psicólogos recomiendan explicarle a la niña la jerarquía que se acepta en la familia: papá tiene una esposa, se aman y tienen la misma edad, cuando seas grande, serás igual.

Si no hace frente al complejo de Electra en la infancia, luego en la adolescencia y más allá, puede resultar en una verdadera agresión hacia la madre, y en constantes reproches hacia ella.

El retrato de Elektra es el siguiente. Esta mujer está psicológicamente atrapada en la adolescencia debido a su relación no resuelta con su padre. Ella continúa llorando por él muchos años después y no puede encontrar su lugar en el mundo exterior.

Se identifica con el papel de víctima, culpando a su madre de todos sus problemas. Ella proyecta su poder sobre los hombres (principalmente su padre y su hermano, Orestes) y es incapaz de actuar: simplemente espera que su hermano venga a salvarla. Al mismo tiempo, inconscientemente tiene una opinión inflada de sí misma como princesa.

El mito de Electra es vivido hoy por muchas mujeres y niñas. La pérdida de un padre no se trata solo de la muerte, sino de la partida de un padre, el divorcio, es un hecho común en nuestro mundo. Se convierte en un trauma, tanto para la madre como para la hija.

Una madre que no puede hacer frente a la pérdida (se enoja con su ex cónyuge, lo culpa o reprime el amor hacia él) tendrá dificultades para soportar el comportamiento de una hija que sigue demostrando su amor por su padre.

Como resultado, la madre se cierra a sus sentimientos. El malentendido mutuo se fortalece si su madre concreta un nuevo matrimonio. La hija puede percibirlo como una traición a su padre y a ella.

Sintiéndose aislada, la niña puede retirarse a un mundo de fantasía poblado por heroicas figuras masculinas. Soñará que un día uno de estos héroes paternos vendrá y la salvará de la vida con su madre.

Habiendo madurado, la Elektra moderna también puede experimentar dificultades para encontrar su propio camino profesional. Y no solo por depresión y falta de voluntad para actuar. Si su madre dominante tiene éxito en su carrera, la hija puede negarse a realizarse en la profesión para evitar la comparación con su madre.

Cómo el "complejo de Electra" afecta la elección de los hombres

En la edad adulta, el "complejo de Electra" no desarrollado influye en gran medida en la elección de una pareja. La niña todo el tiempo, por así decirlo, busca la atención de su padre, por lo que a menudo comienza a salir con hombres mayores que ella. Al mismo tiempo, todavía tiene una relación tensa con su madre: no comparte sus sentimientos con ella y se distancia de ella lo más posible. Además, a menudo una mujer no puede construir una relación larga y armoniosa, porque no busca un hombre con el que se sienta cómoda, sino un ideal inalcanzable, que a menudo se convierte en una amarga decepción. Sucede que las mujeres Electra intentan asumir el papel de víctimas, culpando al mundo entero por sus fracasos, y las parejas potenciales son buscadas entre los hombres casados.

Encontrando la salida

Lo mejor es deshacerse del complejo de Electra junto con un especialista, pero se pueden dar los primeros pasos por su cuenta. Primero se debe tratar de dejar de idealizar la figura del padre y comprender que es una persona común con sus propias virtudes y fallas. También merece la pena intentar, en la medida de lo posible, mejorar las relaciones con la madre. No significa "hacerse las mejores amigas", pero al menos discutir algunos problemas.

Además, un paso importante para deshacerse del complejo será la conciencia de la "pérdida" del padre: su muerte o el abandono de la familia. Es importante aceptar esta pérdida, comenzar una nueva vida en circunstancias diferentes y aprender a depender solo de su propia fuerza, lo que significa desarrollar un sentido de propósito, la capacidad de completar lo que comenzó y otras cualidades.

Las jóvenes que se reconocen en esta historia no deben quedar atrapadas en el mito. Aquí hay algunas tareas para lograrlo:

1. **Despedirse del padre**. Para completar el proceso de duelo, la Elektra moderna debe entrar en contacto con su ira hacia su padre por haberla abandonado.

La ira juega un papel importante en el proceso de duelo y negarse a reconocerlo solo prolonga el proceso. Una vez que se pueda expresar abiertamente los sentimientos de ira y abandono reprimidos por la imagen paterna idealizada, podrá aceptar su pérdida y seguir adelante.

2. **Separar el padre real de la imagen ideal**. Elektra puede enterarse de los rasgos sombríos y negativos de su padre después de que él deja a familiares, amigos u otras personas.

Sin embargo, existe la posibilidad de que todavía esté apegada a la imagen idealizada del padre. Por lo tanto, la Elektra moderna puede resolver este problema indirectamente a través de sus relaciones posteriores con los hombres.

La Elektra moderna tendrá que reconsiderar su relación con su madre, admitir que ella y su madre son similares entre sí en muchos aspectos, con sus lados positivos y negativos.

3. **Volver a conectarse con su ánimus**. Las mujeres Electra proyectan su ánimus (la parte masculina de la psique femenina) sobre los hombres. Es importante determinar cuáles son estos rasgos, por ejemplo, la capacidad de establecer metas, tomar decisiones, emprender acciones, y desarrollarlos en una misma.

Tan pronto como se devuelvan estas proyecciones, se liberará la energía psíquica y la mujer podrá volverse más fuerte, más responsable, lista para encontrar su propio camino en la vida.

Capítulo 4
Adulterio Femenino

¿Quién engaña más, los hombres o las mujeres? Las estadísticas y la verdad de década en década confirman la principal debilidad del sexo fuerte. Las encuestas realizadas por investigadores de la Universidad de Boston como parte de un proyecto a gran escala para estudiar las relaciones familiares revelaron que, en promedio, el 20 % de los hombres han engañado a su pareja al menos una vez, en comparación con el 13 % de las mujeres.

Sin embargo, en un estudio estadounidense de 2018, los psicólogos encontraron un matiz: la infidelidad de las damas en el grupo de edad de 18 a 29 años superó al masculino. Las mujeres adultas, como se vio después, no están a la altura del adulterio, mientras que los hombres inquietos continúan haciéndolo, aumentando la brecha en la puntuación.

Otro indicador que ha determinado durante mucho tiempo las diferencias sexuales en el adulterio son las causas del comportamiento desenfrenado. Se cree que los hombres son más propensos a hacer trampa por el bien de la diversidad sexual, y las mujeres, debido a la insatisfacción con la relación. Una actualización de las encuestas de la Universidad de Boston publicada por expertos en el 2020 elimina la diferencia habitual. En estos días, la brecha de género en la infidelidad casi ha desaparecido: hombres y mujeres engañan por razones similares y con el mismo entusiasmo.

Es curioso conocer la opinión de los expertos sobre por qué las mujeres están aumentando la actividad del adulterio:

1.   Buen sexo

Las mujeres, como los hombres, valoran el buen sexo y pueden volverse infieles con facilidad a quien las excita. Un estudio publicado por el Journal of Sex Research confirma una vez más que la mayoría de los hombres se ven seducidos por la infidelidad debido a un anhelo de diversidad, pero la sed de experimentación también encabeza la lista de causas de la infidelidad femenina.

2.   Insatisfacción con la relación

En el mismo estudio, se reveló la segunda razón más popular: las mujeres engañan porque no están contentas con el que tienen a su lado. Están cansadas de él, o porque mantienen un largo romance que ya no seduce. Incluso si el amor todavía brilla, una mujer que está cansada de las relaciones actuales (peleas, aburrimiento, problemas domésticos, problemas financieros) buscará un objeto para coquetear al margen. Una historia de amor agrega adrenalina a la vida: las mujeres de cualquier edad y estado lo confirmarán.

3.   Acto impulsivo sobre las emociones

Razón número tres: algo salió mal. Las circunstancias se dieron, los ánimos coincidieron y la mujer se entregó a la situación, que luego justificaría ante ella y sus amigos diciendo: "fue un error". A veces, engañar no tiene otro significado que una oportunidad que una mujer no podía o no quería perder en ese momento. Todo el mundo comete errores, e incluso las mujeres casadas felices pueden actuar impulsivamente o por venganza y arrepentirse más tarde.

4. Falta de cercanía emocional con la pareja

La intimidad física o emocional son necesidades básicas que los seres sociales deseamos satisfacer de forma natural. Si una mujer no tiene suficiente intimidad en una relación actual, y hay alguien cerca que está listo para esta misma intimidad, las posibilidades de una atracción mutua aumentan significativamente. Una encuesta determinó que las mujeres se involucran en contactos laterales con más comentarios sensuales que los hombres. El deseo de intimidad y el romance son aspectos que justifican la infidelidad femenina.

5. Sentirse querida

Tanto las mujeres como los hombres engañan porque quieren sentirse como un objeto de amor y adoración. La falta de atención en una relación empuja a una mujer a los brazos de otro, confirmando en palabras y hechos su amor por ella. Es difícil ignorar las atenciones, los elogios y la pasión sincera, independientemente de los valores familiares y la seriedad de la relación en la que se encuentra.

6. Baja autoestima

La baja autoestima también puede motivar a una mujer a buscar sentimientos secundarios. Si una pareja es tacaña con la aprobación, pero irrazonablemente generosa con la crítica, la necesidad acumulada de amor y comprensión tarde o temprano obligará a la mujer a buscar apoyo externo. Incluso si está acostumbrada a descuidar sus propios deseos, la mente subconsciente encontrará la manera de recordarle que se merece más, y el destino le dará un encuentro con alguien que está listo para ver todo lo bueno que hay en ella.

7.   Quiere el divorcio

A veces, la infidelidad es un manifiesto oculto de que una mujer está lista para terminar una relación existente, pero le resulta difícil anunciar su decisión. Tal comportamiento es injusto para la pareja, aunque es comprensible desde un punto de vista psicológico. A veces, hacer trampa expresa una necesidad urgente de cambio en las relaciones actuales.

La infidelidad es destructiva, pero no significa necesariamente el fin de una pareja y, en ocasiones, da un impulso para cambiar a mejor. Los eventos pueden desarrollarse en dos escenarios: divorcio sin esfuerzos prolongados o aceptación de los problemas existentes y trabajar juntos para resolverlos. Si se aman y quieren estar juntos, con el tiempo reconstruirán la confianza y su vínculo se fortalecerá a través de estas pruebas.

8.   Adulterio normal

No, por supuesto que no decimos que el adulterio sea la "norma"; pero hay que aceptar que estadísticamente y psicológicamente, hay una etapa en que la mujer se encuentra con las condiciones que favorecen su implicación en una aventura amorosa.

Esta época se da generalmente entre las mujeres de entre 30 y 40 años de edad, cuando se da cuenta que sus hijos están en la escuela, su marido en el trabajo, y ella ya no tiene la figura de los 20. Aquí es donde encuentra tiempo libre, no está tan pendiente de los hijos, y sus necesidades de ser admirada y codiciada...

regresan. Ella se arregla, vuelve al gimnasio, y se da cuenta que las miradas masculinas todavía se dirigen a ella. Y si a esto se le suma el atrevido galán, que anda de casería furtiva, y la llena de elogios y le masajea la autoestima, el resultado, potencialmente, puede resultar en una traviesa relación.

A las mujeres les gustaría tener mucho más sexo del que realmente admiten

Los hombres son capaces de percibir el interés de las mujeres por tener sexo más de lo que creen.

La diferencia genética entre machos y hembras, de cualquier especie animal de la que hablemos, es que la hembra, al tener un período limitado de fertilidad, no puede tener más que una cantidad finita de descendencia, mientras que los machos o "sobre el papel" pueden tener una cantidad indefinida de niños. Basta pensar que en el record Guinnes de la mujer con más hijos, tenía unos 70, mientras que un sultán de Marruecos ha llegado a 900. Por esta razón, toda la literatura sobre la sexualidad masculina siempre ha enfatizado la voluntad del hombre de buscar continuamente las relaciones sexuales, a menudo sobreestimando y malinterpretando el interés de la pareja. Una investigación publicada en la revista en línea "Psychological Science" titulada: "¿Los hombres perciben el interés sexual de las mujeres? " Realizado por dos investigadores, la Dra. Carin Perilloux de la Universidad de Texas y el Dr. Robert Kurzban de la Universidad de Pensilvania, destacaron que el hombre sería capaz de reconocer la propensión sexual de la pareja más de lo que la misma pareja sería capaz de admitir.

El Dr. Robert Kurzban, partiendo de la premisa de que esta investigación de ninguna manera debe verse como una excusa para el comportamiento agresivo y acosador, argumenta que los resultados de la investigación: "no sirven para menoscabar la relación de pareja, solo sirven para dejar claro que lo que perciben los hombres no es del todo erróneo".

Los investigadores realizaron tres estudios en una muestra de alrededor de 500 (271 hombres y 213 mujeres) individuos heterosexuales. En el primer estudio juntaron, como si fuera una agencia matrimonial, a dos posibles parejas y luego les pidieron a ambas que dieran una serie de datos sobre la predisposición sexual de la pareja. Según las respuestas dadas por los hombres, las mujeres estaban más interesadas sexualmente en ellos de lo que las propias mujeres habían respondido: esto sugería que los hombres sobrestimaban el interés sexual femenino en ellos.

En el segundo estudio, los investigadores entrevistaron a una muestra mixta a la que se les mostró el video del primer estudio y se les pidió que intentaran adivinar las respuestas que las mujeres del primer estudio habían dado con respecto a su predisposición sexual hacia su pareja. Básicamente los hombres daban las mismas respuestas que habían dado los hombres en el primer experimento mientras que se empezaba a vislumbrar que también las mujeres empezaron a dar respuestas más parecidas a las que daban los hombres.

Finalmente, en el tercer estudio, se mostró el mismo video del primer experimento a una tercera muestra, siempre mixta, a quienes se les pidió que no adivinaran las respuestas (como en el segundo estudio) sino que adivinaran lo que realmente pensaban las mujeres con sus actitudes. Los hombres estaban en la línea de las respuestas dadas en los dos primeros estudios, mientras que, en el caso de las mujeres, las respuestas eran completamente diferentes -en comparación con los dos primeros estudios - y se homologaban a las de los hombres en el sentido de que, en el comportamiento de las mujeres en el primer experimento, vieron mucha más propensión a tener relaciones sexuales con una pareja masculina.

Según los investigadores, esto se debe a que los hombres son más objetivos en la comprensión de sus percepciones, mientras que las mujeres son menos objetivas en la comprensión de sus propias actitudes, pero en cambio son más objetivas en la comprensión de las actitudes sexuales de otras mujeres.

Los investigadores concluyeron el estudio reiterando que esta investigación no quiere justificar que: "Si una mujer te toca la mano durante una cita, significa que quiere tener sexo contigo". De hecho, recuerdan que estos resultados no deben tomarse en absoluto como excusa para tener actitudes violentas hacia las mujeres.

Capítulo 5
El hombre adúltero

Psicología de un hombre casado

¿Por qué un hombre casado engaña? Si realmente queremos hablar de motivaciones y por qué un hombre engaña, creo que podríamos resumirlas en una serie de afirmaciones tal vez banales y obvias que empujan casi inconscientemente el comportamiento masculino hacia la traición.

A continuación, una lista de las justificaciones que otorgan:

• Todos los hombres queremos tener sexo con otras mujeres
• Si hubiera tenido suficiente sexo en casa no habría engañado
• Nunca entendí lo que pasó, solo se sintió como una amistad y luego tuvo lugar el sexo.
• Mi esposa subió kilos de más y ya no me excitó, tal vez por eso la engañé
• Al principio era solo una nueva conocida, fue solo después de un tiempo que me di cuenta de que la amaba más que a mi esposa

Habiendo leído esta recopilación, surge la duda de que, al final, las razones por las que un hombre engaña no están muy claras ni siquiera para él, y que probablemente tengan que ver con factores que pueden ser mejor explicados por la investigación. Y la neuropsicología puede ayudarnos a comprenderlos. La organización de neurotransmisores probablemente esté implicada en la predisposición a la traición.

En numerosos experimentos se ha puesto de manifiesto la influencia de cierto tipo de neurotransmisores (vasopresina y oxitocina) sobre los niveles de fidelidad.

Por lo tanto, según estas investigaciones, estar "predispuesto" a la infidelidad es algo parcialmente innato.

Ciertamente esa genética es solo un aspecto que no explica completamente el fenómeno, pero nos dice una cosa: es más probable que una persona que ha engañado en el pasado lo haga en el futuro. Entonces, si existe en parte una predisposición biológica a traicionar, ¿qué puede prevenir el adulterio en quienes están genéticamente predispuestos? La respuesta es: el componente social, es decir, ese conjunto de normas y valores que se introyectan (incorporan) durante la vida de la persona.

Cada uno de nosotros tenemos creencias y valores que guían nuestra vida. En el caso de un hombre que traiciona probablemente el valor de la fidelidad, así como el de la lealtad hacia la otra persona no son "muy sentidos". Una vez más, esto es evidente a partir de algunas estadísticas que muestran que las personas más tradicionales y religiosas tienden a hacer menos trampa. De hecho, parece que las personas con altos rasgos de conciencia son menos propensas a la traición.

Pasando de los aspectos del rasgo a las características más específicas de la situación, puedo decir que algunas circunstancias son casi una constante para cada traición. En primer lugar, la capacidad del hombre para ver y salir con otra mujer durante un tiempo significativo. No es casualidad que el hombre conozca a su amante por primera vez en el trabajo, o en el gimnasio o en actividades que requieran un contacto periódico.

La situación en la que se desarrolla entonces la traición debe permitir una cierta intimidad. El hombre debe poder encontrarse en algún momento solo con su futura amante, debe poder confiar y abrirse con ella.

Otra situación que conduce a la traición es cuando la pareja de origen tiene algún problema sin resolver.

Aunque la gran mayoría de los hombres que van a terapia juran que aman a sus esposas y la respetan como persona, las historias que luego cuentan son las de una pareja marchitada por el tiempo donde el intercambio de afectos y experiencias etá a la deriva. Para completar el cóctel de la traición se necesita al enamorado, una persona que, a pesar de conocer el estado "comprometido" de quien traiciona, se deja envolver en una historia romántica sin ofrecer resistencia.

A veces quien traiciona niega la traición porque no hubo sexo, otras veces es el otro o mejor dicho el otro quien es acusado (esposa insoportable, amante que no se contuvo, el jefe que le hizo la vida estresante, etc.) a veces traición es parte integrante de la naturaleza y por lo tanto causa de fuerza mayor.

Esto se debe a que, a menudo, la narrativa que se hace implica que la traición era la única solución a las crisis matrimoniales u otros problemas de la vida. Personalmente, creo que hacer trampa es solo una de las opciones disponibles. Otras opciones son resolver los problemas de la pareja, quizás no solo, sino con un terapeuta, hablar con su jefe o ignorar las insinuaciones de una persona que le gustaría iniciar una liga.

De hecho, creo que estas alternativas son más simples y fáciles de manejar que hacer trampa. Por estas razones estoy casi convencido de que, al final, la mayoría de los hombres no inician una cita, un contacto, una relación pensando que pueden llegar a la traición. Tal vez, la mayoría de los hombres no tienen la perspicacia suficiente para entender lo que está pasando y, con un corazón ligero, uno se mete en problemas sin darse cuenta demasiado.

En conclusión, y en pocas palabras, un hombre probablemente esté engañando por una serie de factores. Algunas de estas son predisposiciones biológicas y morales/valorativas y otras son propias de la situación y del entorno. Finalmente, en la mayoría de los casos hay cierta ligereza y desconocimiento inicial que arrastra lentamente al hombre a una relación que socava la estabilidad de la pareja y, a menudo, la estabilidad de su propia vida durante las próximas décadas.

Traidores seriales y manipulaciones afectivas

Los traidores en serie no sólo abusan de los sentimientos de los demás, sino que para ellos el número de "víctimas" necesarias para la satisfacción de su "narcisismo afectivo" se vuelve cada vez más insuficiente y la manipulación afectiva representa la estrategia con la que logran entrar en los mecanismos mentales de aquellos que son psicológicamente vulnerables, esclavizándolos a su voluntad.

La palabra "traición", no sólo etimológicamente sino también semánticamente, en sí misma, es "ambigua".

"Tradere", de hecho, en latín significa "entregar, dar, encomendar". Por lo tanto, puede significar "encomendar palabras, transmitir, contar". Un sentido y un signo cultural.

En cambio, ha sido impregnado de una connotación negativa en los Evangelios, que eligieron este término para indicar el acto de entregar a Jesús a los enemigos. Y "Traicionar", con el paso del tiempo, sólo ha mantenido su valor negativo.

Para empezar, esta ambigüedad del término se refleja en la relación de pareja. Desde el punto de vista del traicionado, la víctima, podríamos decir en lenguaje "criminológico", el que traiciona, es decir su verdugo (aunque a menudo los dos términos y los dos roles son intercambiables), defrauda la confianza, expectativas, rompe un lazo, una continuidad de la dimensión relacional. El traicionado se encuentra ante el vacío, la pérdida de la confianza, el sentido de su propia existencia, el desconcierto, la pérdida de lo que había compartido hasta entonces con el "traidor" y se siente como arrebatado de él.

La traición, en este sentido, es un evento completamente inesperado, lo que determina sentimientos de ira, deseo de venganza y pérdida de autoestima, por lo que las relaciones entre el traidor y el traicionado ya no pueden ser las mismas y si la pareja no se "rompe", será necesario, sin embargo, redefinir ellos mismos y la relación, a partir de ese acontecimiento. Esto no significa automáticamente que la traición deba ser vista únicamente de manera negativa, sino que también debe ser considerada como una herramienta, ciertamente "fuerte" de crecimiento y formación de la autonomía individual: a veces es necesario romper la confianza, permitir relaciones para evolucionar, así como aprender a distinguir al otro del yo. Incluso el solo descubrimiento de la posibilidad de traicionar y ser traicionado puede ser parte de un proceso de crecimiento individual y de pareja.

La actitud más frecuente de la psicología es la de devolver la infidelidad y el amor a instancias inconscientes, "profundas". Hasta aquí estamos, los que nos formamos analíticamente. Pero, más allá de las teorías analíticas, veremos que la traición también puede tener una base genética.

Comencemos con la traición de la "pareja" y cómo esto se puede vincular con el narcisismo relacional y la traición en serie.

Uno de los problemas abiertos de la traición de la "pareja" es que el ego se impone, narcisísticamente sobre nosotros. Este narcisismo es de alguna manera satisfecho y de ahí la búsqueda del "otro". Sin duda, es más fácil y motivado invertir en otra cosa que reinvertir en lo que ya tienes.

Por un lado, el fenómeno de la "traición" siempre ha existido, pero, por otro, el alargamiento del promedio de vida ciertamente nos expone a la posibilidad de más amores y, por tanto, más traiciones. Por otro lado, también es cierto que antes todo esto era menos publicitado. Una vez que la traición se vivía como una vergüenza, un hecho para esconder y callar, sufriendo en secreto. Hoy la traición está como "globalizada" y espectacularizada. Y es que, si antes la infidelidad era una prerrogativa masculina, ahora está cada vez más extendida también entre las mujeres, casi como una búsqueda "obligatoria" de la felicidad, aunque de formas diferentes.

El adulterio es una especie de auto-autorización que va más allá de cómo los demás pueden juzgarnos. Seguramente si la idea que tenemos hoy de la traición es muy diferente a la de ayer, en realidad la fidelidad sigue siendo, sin embargo, una conquista no sólo hacia el otro, sino sobre todo hacia uno mismo.

Por lo tanto, por un lado, traicionamos más y, por otro lado, hablamos más que en el pasado.

Hoy somos mucho más infieles que antaño y, en todo caso, la infidelidad suele ser pregonada. La traición se anuncia, se exhibe, a través de confesiones públicas.

En la base de las relaciones eróticas hay siempre dos factores: la "pulsión", que parte de nuestras necesidades y deseos, y el "objeto de amor", que suscita en nosotros el deseo.

Una sexualidad puramente instintiva es aquella que lleva a experimentar el sexo no implicado en la persona con quien se hace, sino como medio para la simple satisfacción del instinto.

Esta libertad sexual favorecería al individuo, ciertamente no a la relación de pareja.

La sexualidad es pues un "amigo" de la pareja, en efecto la empatía sexual se convierte en la base para construir un vínculo matrimonial y la pareja feliz tiene una fidelidad activa, alimentada cada día con pequeñas atenciones, que se convierten en pequeñas seducciones.

Si, en cambio, en las parejas veinteañeras la sexualidad es instintiva, menos ligada al objeto del amor, y hoy los jóvenes, más de una vez, piensan que toda elección, incluso la sexual, no es definitiva, sino "líquida". A medida que pasan los años, la sexualidad decrece y deja cada vez más lugar a la ternura: del lado biológico, la dopamina, la hormona del deseo pasional, perdura un máximo de tres años y se reemplaza progresivamente por oxitocina, la hormona de la ternura.

Entonces, detrás de la traición puede haber una necesidad de libertad, de independencia, de plenitud subjetiva, como si relacionarnos siempre con la misma persona acabara por hacernos incompletos.

Así es como, sin embargo, en el otro no se debe buscar la mitad que nos falta, como decía Platón, sino el todo.

La traición es también la renuncia al confort de la seguridad cotidiana, de los "brazos maternos", que encontramos, simbólicamente, en la pareja.

Además, desde un punto de vista "etológico", no olvidemos que los comportamientos de los animales son en gran medida polígamos. Los únicos monógamos son los cisnes. En las especies polígamas, por otro lado, la testosterona permanece alta durante todo el período de reproducción. Y los chimpancés, que tienen un 98% de composición genética idéntica a la nuestra, son polígamos por naturaleza.

Las razones que empujan a las personas a comportarse de manera aparentemente irracional, especialmente cuando se trata de sentimientos, se referirían de manera mucho más práctica a las razones "reales" por las que los seres humanos existen, al menos desde un punto de vista evolucionista: para sobrevivir y vivir.

La infidelidad ofreció recompensas biológicas inconscientes a los hombres y mujeres prehistóricos, perpetuando así hasta el día de hoy la base biológica de la traición en ambos sexos.

Hasta ahora hemos hablado de la traición de pareja. Pero, ¿cuándo ocurre la traición en serie? ¿Cuándo se engaña a la pareja varias veces?

Es, presumiblemente, ya no y no sólo una búsqueda de confirmación de uno mismo.

Los traidores en serie no solo abusan de los sentimientos de los demás, sino que el número de "víctimas" nunca es suficiente para ellos. Cuanto más aumentan sus conquistas, más se satisface su narcisismo afectivo.

Aquellos que son propensos a la traición buscan la confirmación de la fragilidad de sí mismos. Entonces, ¿quién es propenso a una serie de traiciones sería aún más frágil? No siempre, pues, la búsqueda de confirmación conducirá a la traición, pero ciertamente a asumir una actitud seductora hacia el otro.

El problema surge cuando hay que evitar caer en una dependencia emocional agarrando este lado frágil y tratando, a toda costa, de "salvar" a los afectados por él.

Podríamos rastrear un IDENTIKIT para desenmascarar a un traidor en serie, podríamos decir que es:

- **Tecnológico**

Aunque el nacimiento del fenómeno de la traición es tan antiguo como la humanidad, y la humanidad está siempre y en constante evolución, la era de la información puede considerarse a todos los efectos extremadamente favorable para todo traidor. La tecnología actual, desde la PC hasta el teléfono inteligente, etc., es cada vez más potente y versátil. El traidor en serie definitivamente está dotado de grandes habilidades tecnológicas y es un experto navegante web.

Del mito de Narciso, entonces, hay un paso corto a las modernas redes sociales.

El psicoanálisis nos dice que el narcisista patológico puede provenir de una pareja parental emocionalmente desatenta, por lo que el niño trata de llamar la atención de los padres de cualquier forma; o de una pareja de padres a su vez narcisistas, que crían al niño en nombre de "todo se debe a mí".

En todo esto, las redes sociales han amplificado el problema permitiendo que hasta los más tímidos e inhibidos tomen protagonismo.

- **Narciso**

Siempre entregado a su imagen que utiliza como arma de victoria, no necesariamente guapo o bello, aunque las mujeres dedican mucho más tiempo a cuidar el exterior que los hombres, pero casi siempre interesante. Son en su mayoría coleccionistas y, como tales, dotados de una gran pasión por la novedad y la posesión.

- **Humorístico**

Cada traidor en serie alterna momentos de exaltación con momentos de reflexión y arrepentimiento por la ambigüedad de su comportamiento, pero los primeros son decididamente predominantes.

- **Celoso**

El traidor en serie es paradójicamente celoso de su pareja, porque como es fácil de adivinar, utiliza masivamente los mecanismos defensivos de la proyección y la identificación proyectiva: lo que yo hago, tú ciertamente lo haces.

De los casos clínicos analizados, en general, por un lado, surge una intensa implicación afectiva en la pareja, por tanto, no una superficialidad de los sentimientos, con los consiguientes sentimientos de culpa tras las traiciones, sino, por otro, la incapacidad para gestionarlas en el contexto de la pareja. Experimentado, sin embargo, como una especie de "esclavitud", que no es suficiente para tranquilizar al narciso sobre el "valor" de sí mismo.

Hasta aquí todo bien. Más o menos. En el sentido de que, habiendo identificado estos sujetos, sería, aunque con sufrimiento, bastante fácil deshacerse de ellos. Pero aquí viene el mecanismo a través del cual logran entrar, de forma distorsionada, en comunicación con los demás. Mediante el mecanismo de la manipulación afectiva.

La manipulación afectiva representa el mecanismo por el cual unos individuos son capaces de "entrar" en los circuitos mentales de otros, psicológicamente más vulnerables, y esclavizarlos a su voluntad. Por lo tanto, una verdadera violencia psicológica.

- **Violencia psicológica**

La mujer, porque es sobre todo un malestar que aqueja a la mujer, ha aprendido a lo largo de la historia a reconocer como mala a la violencia física, pero no, a la mucho más sutil violencia psicológica que suele darse en el hogar. Denigración y humillación sistemáticas de una persona elegida como víctima por un verdugo, quien, a través de sus acciones manipuladoras, le hace perder la confianza en sí mismo y la deja envilecida, perdida y sin puntos de referencia. Es un asesinato del alma y de la mente.

Muchas veces la mujer también calla por amor a sus hijos y por miedo a perderlos, cuando están cerca, así como a perder a su pareja.

El fenómeno, en realidad también es poco conocido, no se reconoce como un problema. Un lazo afectivo, sin embargo, une a la víctima con su verdugo.

Los niños, a su vez, al presenciar esta violencia, podrían repetir estas insanas conductas de adultos y convertirse en abusadores.

La violencia de los jóvenes podría provenir de familias que se están desorientando con respecto a los valores comunes.

En los humanos, la agresión y la violencia también pueden ser fines en sí mismos, mientras que en los animales es una defensa para ellos y sus crías.

Del vampirismo energético se puede llegar a la manipulación mental

El vampiro energético (de ello habla Mario Corte en su texto de 2002) es un individuo común, con el que cualquiera de nosotros puede cruzarse, que vive sustrayendo energía de los demás y haciéndolo de diversas formas, tanto de forma activa, robando cualidades positivas de los otros para hacerlas suyas, o negativamente, negando un saludo, por ejemplo, o lanzando bromas gratuitas sobre supuestos defectos. Pero la víctima no puede escapar a su encanto, al contrario, lo busca.

En realidad, el manipulador relacional estudia a la posible víctima mejor que un vampiro. El segundo adopta un comportamiento de "golpear y correr", el comportamiento del manipulador es mucho más complejo.

Es experto en venderse a sí mismo por lo que no es al comienzo de una relación. Sobreestima a los que tiene delante, pero pronto lo desvaloriza, amenazando su autoestima. Es un narciso como el traidor en serie y su drama está en la imposibilidad de comunicar y corresponder y, por tanto, amar. Necesita un espejo, no una relación. Le falta empatía. En el narcisismo perverso, pero afortunadamente no todos los narcisos que uno puede encontrar en la vida son perversos, la destrucción del otro es fundamental. Destruir al otro, como destruir el espejo que lo refleja, porque la imagen nunca es tan "bella" como uno quisiera.

El manipulador es camaleónico, transformándose a sí mismo de acuerdo a quien está frente a él.

Funciona a través de la "comunicación", que se caracteriza por la vaguedad, la ambigüedad y la imprecisión. Al principio entendido, de repente uno se siente excluido.

En muchos casos las víctimas no son especialmente vulnerables y muchas veces a pesar de tener las herramientas para entender a quién se enfrentan, no logran escapar a tiempo. A menudo uno disfruta, cristalizando, en el papel de víctima, y así somos aniquilados. El aniquilamiento es de hecho un posible riesgo de la víctima que, para permanecer cerca de su manipulador, trata de cambiarse a sí mismo convencido de que si ya no le gusta, es su responsabilidad. Tras una primera fase en la que estamos bajo la ilusión de que todo puede volver a ser como antes, la angustia se apodera de no saber cómo cambiar y, cambiando, entender que no hace falta. Pero las víctimas a veces se ponen celosas de su propia primacía y no se dan por vencidas para dar paso a los demás. A menudo surgen en la víctima trastornos psicopatológicos, y si el manipulador lo nota, se aprovecha.

¿Cómo salir de esta relación? Aceptar el "fin" dentro de uno mismo. Les cuesta salir. Pretenden castigar con violencia y destruir ese espejo de sí mismos que los ha defraudado profundamente. Por lo tanto:

1. Racionalizar la decisión tomada

2. No aislarse

3. Rodearse de gente amable

4. Intentar centrar la atención en otra parte

5. No entregarse a otras formas de "adicción"

6. Mimarse

7. Llevar un diario emocional

8. Romper todo tipo de contacto con el abusador psicológico

9. No desanimarse cuando los intentos fallan

¿Y entonces? ¿Será como morir? En realidad, será un renacimiento.

La soledad, inicialmente experimentada como pesada, se percibe luego como liberadora, por la obsesión de una pareja que ya estaba emocionalmente ausente desde hacía tiempo. No se trata de cuánto duró la historia, sino de nuestra participación en ella.

Anatole France (1844-1924) escribió que tienes que morir en una vida antes de poder entrar en otra.

En realidad, nada sucede por casualidad. Esta experiencia puede ayudarnos a comprender algunas partes de nosotros mismos y tratar de mejorarlas.

Capítulo 6
La relación con un
hombre casado

En inglés se le conoce como "mate poaching". Para aclarar, la caza furtiva de pareja dirigida a un hombre es ese fenómeno por el cual un macho, si ya está ocupado, es más atractivo. En una investigación publicada en el prestigioso "Diario de psicología social experimental", el 90 por ciento de las mujeres solteras de la muestra estaban más interesadas en un hombre que creían que ya estaba comprometido. En la misma investigación, solo el 59 por ciento de ellas dijeron que lo querían cuando se les presentaba como solteros. Parece que un hombre ocupado en realidad puede ser más atractivo. ¿Pero por qué?

Ganar a un hombre casado

Probablemente un hombre casado tiene más experiencia, es más maduro y ya ha demostrado ser profesionalmente válido y capaz. También puede aparecer como un buen padre, capaz de cuidar la descendencia. Estas características se combinan para hacer que la apariencia y el porte hagan al individuo más atractivo e interesante. Además, otro factor tomado en consideración por la investigación es que un hombre ya elegido como pareja por una mujer tiene características que lo hacen interesante precisamente porque ya ha sido elegido por "otra". Otro tipo de razón por la que una mujer se siente atraída por un hombre casado es que éste representa un entretenimiento seguro y sin ajetreo, al menos inicialmente.

Lo cierto es que muchos de los aspectos que hacen atractivos e intrigantes a los hombres casados están activos en un nivel inconsciente y es difícil identificar cuáles son las cualidades sobresalientes y atractivas de tales individuos. Es decir, es difícil decir con precisión cuáles son los aspectos que hacen atractivo a un hombre casado.

Cuando el amante se vuelve importante, la vida comienza a complicarse. En última instancia, el problema surge en el momento en que la mujer se enamora de un hombre casado. Esto puede ser una fuente de alegría si él la corresponde dejando a su anterior pareja (o familia); o una fuente de desesperación si muestra cariño solo inicialmente y luego decide quedarse con la pareja oficial.

Cuando el amante se vuelve importante

Las señales que da un hombre casado cuando está enamorado difieren poco en forma de las de un hombre libre. Las diferencias probablemente radican en la intensidad de estas señales. En el caso de un hombre casado, la libertad de expresión está limitada precisamente por la relación conyugal. Un hombre libre puede hablar de su enamoramiento, mientras que un hombre casado, en el mejor de los casos, puede susurrarlo. Antes de declararse casado, el hombre debe tener señales precisas de poder alejarse de la mujer que le gustaría conquistar y esto es porque tiene una posición social que defender. Por eso sucede que un hombre casado es muy lento y reacio a coquetear. Teniendo en cuenta estas diferencias de intensidad, las señales más frecuentes pueden ser:

- **Cumplidos y halagos velados**

Los cumplidos son una de las señales más directas y utilizadas para ligar. En el caso de un hombre casado que se enamore estos serán velados y dirigidos a complementos como ropa, zapatos u otros aspectos de la persona a seducir. Probablemente no serán cumplidos empujados y dirigidos al cuerpo de la persona. Los cumplidos comienzan con una intensidad más ligera para volverse más atrevidos según la respuesta que otorgue la mujer. Si la mujer está disponible, sonriente y simpática, entonces el hombre casado "enamorado" tenderá a desequilibrarse. Al desequilibrarse inicialmente, podría recurrir a la pantalla de la ironía. Hacer una apreciación con una broma le permite a la persona disculparse y decir que en realidad estaba bromeando.

- **Al hombre casado le gusta hablar contigo**

Como es natural, tanto un hombre enamorado casado como un hombre soltero disfrutarán hablando contigo. Los signos del placer deben volver a ser apenas evidentes. Las señales no verbales de interés y placer son las pupilas dilatadas, las miradas que duran más de lo que deberían y un tono de voz especialmente persuasivo y cortés. Lo más probable es que intente iniciar conversaciones y no pierda la oportunidad de interactuar.

- ## **Cuida tu vida amorosa**

Una de las señales del enamoramiento por parte de un hombre casado es la atención discreta a la vida amorosa de la persona deseada. Con el enamoramiento romántico viene una cierta dosis de celos, por eso el hombre, aunque sea casado, sufrirá al saber que la mujer deseada puede iniciar una nueva relación. La capacidad de enmascarar las emociones negativas que surgen de estos celos varía de hombre a hombre. Sin embargo, es difícil disimular cierta decepción cuando se entera de un posible competidor. Una prueba a la que una mujer interesada en saber si un hombre está enamorado es contar que fue invitada a un café o a un viaje por un potencial pretendiente. Ante esta amenaza, es probable observar reacciones (no verbales) por parte del hombre.

- ## **No habla de su mujer o habla mal de ella**

Otra señal de interés por parte de un hombre casado podría ser no hablar de su esposa o criticarla y quejándose de la relación. Son signos de desvalorización de la relación existente que envían un claro mensaje de insatisfacción y de búsqueda de apoyo y aprobación por parte de la potencial amante. Diferentes personalidades se exponen en formas que varían en la intensidad de la crítica. En los casos más herméticos nunca se menciona al acompañante oficial. Entiendes bien lo poco natural que es la situación en algún momento porque tendrás la impresión de hablar con un hombre soltero, ya que nunca habla de su esposa y su vida familiar.

- ## El hombre casado y enamorado tiende la mano

La ayuda es otra señal a tener en cuenta. En particular, se debe notar la diferencia que tiene una persona en ayudar normalmente a las personas y ayudar a la persona de la que se ha enamorado. Partiendo de la suposición de que no puede exagerar demasiado por la condición marital, se puede ver si la ayuda se da con particular abundancia. Tenga cuidado de anotar cuál es el comportamiento básico de la persona a analizar. Por ejemplo, si un hombre es particularmente amable y ayuda a todos, será difícil concluir que está enviando señales a una persona en particular. Si, por el contrario, la persona sigue siendo amable, pero se esfuerza por ofrecer ayuda con asiduidad y con arrebatos de benevolencia hacia una mujer, entonces puede ser una importante manifestación de afecto.

- ## Tiende a enfatizar cosas en común

Un signo de comprensión e interés lo dan las referencias a cuánto el hombre en cuestión y la persona potencialmente amada están en la misma sintonía. Subrayar las mismas pasiones, comentar lo similar que es en sus elecciones y las cosas que prefiere hacer es una señal importante. Muchas veces cuando nos gusta una persona nos damos cuenta de las cosas que tenemos en común y encontramos muchas de ellas. Es un poco una forma de decir "ya ves, tú y yo nos entendemos, somos parecidos".

- **Da prioridad**

En teoría, la prioridad de un hombre casado debería ser la familia, pero si está interesado en otra persona y tiene una relación sentimental será fácil ver cómo la prioridad ahora se la da a la persona hacia la que tiene nuevos sentimientos. Si es una relación que se desarrolla en el trabajo, es posible observar retrasos o concesiones temporales hechas al ser querido a costa de la familia. Es típico que las prioridades cambien y se adapten a la nueva situación sentimental.

- **Comportamiento irreprochable**

Cuando un hombre está enamorado de una mujer, ya sea que esté casado y comprometido, ya sea que esté libre, tendrá un comportamiento intachable y perfecto en presencia de la persona deseada. Esto se traduce en un comportamiento educado atento y escrupuloso. También en este caso es bueno observar cuál es la línea de base porque en la mayoría de los casos los comportamientos son muy civilizados y educados. Sin embargo, se puede notar cierta amabilidad y previsión.

Por ejemplo, en las observaciones de casos, un hombre potencialmente interesado se encargó de pasarle el café a la mujer que le interesaba. No solo eso, también preguntó si podía deshacerse del vaso de plástico vacío (cosa que no hizo con otros compañeros). En un caso similar se ofreció a abrir la puerta siempre que la persona cortejada estuviera a punto de pasar. Son pequeños gestos que suelen denotar interés.

- **Transmite sentimientos positivos e interés.**

Las sensaciones "viscerales" que siente una mujer a menudo se basan en percepciones inconscientes. Hay información subverbal y no explícita que, procesada por la parte inconsciente, provoca las sensaciones que mencioné anteriormente. El sexo femenino, por razones evolutivas, está particularmente equipado para interpretar, aunque sea a nivel inconsciente, las señales que llegan del cuerpo humano. Es por eso que los sentimientos que provienen de una pareja potencial suelen ser veraces e importantes.

Por qué no deja a su mujer

De los cientos de historias que he escuchado, puedo decir que principalmente las razones por las que un hombre no deja a su esposa son pocas y se repiten. Hay esencialmente comodidades, hijos, un vínculo débil con el amante, compasión por la esposa, miedo al cambio.

La energía que se necesita para dejar a la esposa y tal vez a los hijos es muy alta. Esta es una de las razones por las que un hombre casado no se decide a dar el paso. Con mayor razón, si el amante no utiliza estrategias como la del distanciamiento o el "silencio de radio", el hombre piensa que tiene a su servicio tanto una esposa como una amante y entonces: ¿para qué cambiar? La separación es particularmente gravosa, tanto desde el punto de vista económico como social.

Una persona debe tener razones más que válidas para decidir enfrentarlo. La razón que mueve al hombre, en los casos en que deja a su mujer y la fuerte atracción que le une a su amante. Irónicamente, esta atracción es máxima en las etapas iniciales de la traición y en estas etapas la actitud del amante suele ser más permisiva y lasciva. Aún no se cansa de esperar y tiene paciencia. De esta forma, muchas enamoradas pierden el momento más probable para que un hombre se desprenda de las faldas de su mujer. Los niños son otro (con razón) motivo de preocupación.

Estos son los que más van a sufrir si están en un determinado grupo de edad y son los que podrían terminar la relación con su padre si ya son mayores. Hay historias en que el hombre se separó de su esposa cuando tuvo la aprobación de los niños mayores. Los sentimientos de culpa que una persona pueda tener como resultado de dañar a sus hijos son una de las razones más fuertes para no dejar a la esposa. Poco importa si la relación con su esposa ya está rota y probablemente le haga más daño que una separación.

La fuerza del vínculo con el amante

Si se trata de una historia o de una traición basada únicamente en el sexo, entonces el vínculo con el amante no es lo suficientemente fuerte como para justificar un cambio de vida. En otros casos, la atracción y el vínculo con el amante se ha resquebrajado por malos caminos y dilaciones que han dañado la relación. Aquí me conecto con lo dicho anteriormente, la fuerza del vínculo disminuye con el tiempo.

Cuanto más se espera con la ilusión de unir sus vidas, es menos probable que el hombre deje a su esposa. Las promesas que hace son nulas si no se cumplen con los hechos. Es menos probable que los hechos se implementen con el tiempo.

A veces la esposa, quizás con cierta edad, poca vida social y pocas posibilidades de reincorporarse al juego es la causa del no abandono por parte del marido. En varios casos, cuando se tuvo que producir la separación y surgió un problema de salud o de trabajo de la esposa, el esposo paró todo para cuidarla. En los casos más graves, la separación se producía sólo después de años de cuidar a la mujer. La esposa puede jugar varias cartas para alimentar el comportamiento protector de su esposo. Comienza con copiosos gritos hasta la amenaza de suicidio. Comprenderá bien cuán pesadas y graves pueden ser estas manifestaciones.

La relación con la esposa puede ser tóxica, destructiva y castradora, pero es conocida y de algún modo reconfortante. Lo nuevo, el cambio de casa, quizás tener que contárselo a familiares, cambiar hábitos etc. da miedo. Esto es cierto para los hombres que han experimentado pocos cambios en la vida. En estos casos, tranquilizar y planificar el futuro sin esposa puede ser útil para afrontar con más serenidad esta decisión. Las incógnitas a las que se tiene que enfrentar un hombre son también económicas además de relacionales. Sin embargo, para comprender las razones para no dejar a la esposa en el camino principal, queda un control exhaustivo de la situación que generalmente es posible en la terapia. Digo esto para no dar la impresión de haber agotado cuáles son las principales razones que da un hombre para no dejar a la pareja oficial. Las cosas son realmente complejas.

¿Cómo es la relación con un hombre casado?

En una palabra: difícil. Las personas que acuden a un profesional de familia lo hacen porque están cansadas de la relación con un hombre casado y les gustaría abandonarlo o convertirse en pareja oficial. La condición emocional de una mujer como amante es una de las más estresantes que puede haber. Los abandonos que experimenta son múltiples y el riesgo de caer en una depresión reactiva es objetivamente alto.

No es raro que la persona que acude a terapia manifieste síntomas depresivos. Después de una fase inicial de euforia, donde los problemas pasan a un segundo plano, es típico presenciar una fase de consolidación de la relación. Esto conduce a demandas más apremiantes de presencia y continuidad del amante hacia la persona comprometida.

Ante una relación vivida con cuentagotas, nos damos cuenta de que la situación no puede seguir y que hace falta un cambio. Algunas mujeres se atascan aquí mismo, por temor a que pedir más aleje al hombre amado y por eso comienzan a sufrir en silencio. Otras mujeres (generalmente con niveles más altos de autoestima) comienzan a hacerse escuchar y a realizar demandas.

Estas, a menudo son recibidas con frialdad por el hombre casado que comienza a tomarse el tiempo y hacer promesas. Después de comprender que el cambio no llega se abre la crisis y entonces aumenta el sufrimiento con el desencanto. Las repercusiones que sufre la relación infiel en esta coyuntura pueden ser tales como para resquebrajar gravemente la relación y sentar las bases de la ruptura. El problema es que en algunos casos este limbo dura meses, si no, años.

A menudo, la edad de la persona que desea iniciar una relación oficial y duradera no permite perder mucho tiempo. Las mujeres que acuden a terapia están frecuentemente en esa franja de edad para la que es mejor darse prisa en "formar una familia", so pena de no lograrlo y perder la oportunidad de ser madre. Una verdad que siento que puedo decir es que una relación con un hombre casado debe ser corta.

Como psicólogo no juzgo si es lícito, correcto o incorrecto, pero como psicólogo digo que sí existe, es mejor que sea breve y que se convierta en una relación oficial o que cese. La carga emocional a soportar es demasiada incluso para la persona más experimentada e independiente y, sobre todo, en cierto punto, no vale la pena invertir tantos recursos y tiempo.

Capítulo 7
Encontrar una solución

Si estás leyendo esto es porque probablemente estás enamorado de alguien que no es tu pareja y tienes sentimientos muy fuertes hacia él o ella. En este capítulo hablaré sobre cómo elegir entre amante y esposo o esposa. Intentaré condensar la gran cantidad de información recopilada en años de carrera como terapeuta de pareja.

La elección de dar prioridad a una pregunta potencialmente formulada por una mujer (cómo elegir entre un amante o un marido) se debe a que, cuando encuentran un amante, las mujeres tienden a dejar la pareja estable, más que los hombres.

Esquema de la relación infiel

Comencemos con las constantes:

La traición se produce en un período difícil para la pareja (la dificultad también puede ser el aplanamiento de la relación y la insatisfacción resultante.

La traición ocurre gradualmente, en el sentido de que parte de actos considerados inocentes y culmina con la asistencia regular y, a menudo, las relaciones sexuales.

La traición es una de las causas más frecuentes de separación. Después de la traición, las cosas no vuelven a ser como antes, la pareja empeora o mejora.

Traicionar es difícil al principio y luego indispensable. La traición es como algo que comenzó inocentemente y con pequeños gestos. La intensidad de los sentimientos que se desarrollan entre los que traicionan y los que se aman se separan en silencio, pero luego tienen un ritmo de crecimiento exponencial. Cuando la intensidad cruza un cierto umbral, se vuelve difícil volver atrás.

Cuando los productos químicos como la oxitocina superan ciertos niveles al cruzar el umbral, se puede decir que se ha formado un vínculo difícil de romper. Por eso, si estás leyendo y estás en la fase inicial (cognitiva) de una persona que sientes que te puede gustar, la invitación es a reflexionar bien, porque probablemente el punto de no retorno esté cerca. En esta fase prodrómica, la decisión entre amante y esposo parece sencilla y lo que la persona espera es poder manejar la historia de manera funcional y compatible con la vida en pareja.

Sin embargo, con el tiempo, los pensamientos sobre el amante y los sentimientos de culpa hacia el esposo (o esposa) comienzan a aflorar y causar dolor y/o ira. En esta nueva etapa, la famosa pregunta "¿elijo estar con el esposo (o esposa) o comenzar una nueva vida con el amante?" comienza a convertirse en una espina insoportable. Aquí hay algunas preguntas que debe hacerse y que lo ayudarán a tomar una decisión informada sobre su futuro.

- **¿Conoces la limerencia?**

Este término describe un estado típico de la primera fase del enamoramiento. Es un estado de apego profundo caracterizado por emociones intensas hacia una persona como obsesiones, pensamientos intrusivos, fantasías y miedo a ser rechazado (son emociones positivas o negativas según sean correspondidas o no). A menudo, también coexisten con estos síntomas físicos como enrojecimiento, temblores, palpitaciones, aumento de la frecuencia respiratoria.

Hasta la fecha, aún no están claros los desencadenantes que estimulan el estado de limerencia. Desde un punto de vista químico, se han aislado las hormonas y los neurotransmisores que inundan el sistema nervioso. Estos son la feniletilamina (también conocida como la molécula del amor), algunas feromonas y la oxitocina, que crea apego y estimula la producción de otros neurotransmisores relacionados con el bienestar y la adicción (por ejemplo, la dopamina).

- **Decisiones difíciles entre amante o esposo**

El estado de éxtasis (en caso de que puedas estar con la persona amada) o de desesperación (en caso de que tengas miedo de que la persona amada se vaya) se debe principalmente a esta poderosa mezcla que, con el tiempo, irá decayendo y ajustándose a niveles más bajos de estas moléculas. Los efectos de estos químicos son, además de los mencionados anteriormente, de mal juicio y disminución de la capacidad de autorregulación.

- **¿Quién sufrirá las consecuencias?**

La respuesta más obvia, además de ti mismo es: tu pareja actual o tu amante. Las cosas, como podrás adivinar, no son tan sencillas porque todas aquellas personas que están a tu lado sufrirán las consecuencias. El primer pensamiento se dirige a los niños y luego pasa a lo que sucederá con las familias de origen.

- **Consecuencias elección del amante**

Las consecuencias de elegir amante o esposo que más quiero analizar son las negativas, porque estas tendrán el mayor impacto en la vida de todos los involucrados. Las preguntas que debe hacerse son: ¿Cómo cambiará la vida de sus hijos (si tiene alguno)? ¿Es posible mantener buenas relaciones con la que será tu ex pareja? ¿Cómo tomarán la noticia las familias de origen? ¿Hay padres ancianos que no entenderían y sufrirían? ¿Hay consecuencias sociales u ocupacionales? Finalmente, hacer una buena lista de quiénes estarán involucrados y cómo lo estarán, podría aclarar mejor el impacto de la decisión.

Asimismo, si decide quedarse con su pareja entonces habrá consecuencias negativas para su amante y estas también deben ser analizadas. Si decide quedarse con su pareja oficial, le recomiendo emprender un viaje en pareja para solucionar los problemas que llevaron a la crisis. Independientemente de cómo decida, una cosa es segura: alguien sufrirá. Entonces, si pensó que podría haber una solución indolora, probablemente estaba equivocado. Esta suele ser la primera mala noticia que le doy a alguien a quien sigo en persona.

- **¿Qué es lo mejor para los hijos?**

Como padre, antes de ser psicólogo, no podía dejar de dedicarle espacio a este aspecto. Las personas susceptibles de sufrir las consecuencias de la decisión son los niños. Habrá consecuencias positivas y negativas. Si la pareja que se separa era pendenciera y violenta y la nueva pareja que se forma es armoniosa y feliz, si la relación con la futura expareja será civilizada y respetuosa, entonces es probable que también haya alguna ventaja para la descendencia.

- **Cuidar niños con amante**

Sin embargo, lo que dice la investigación es que las consecuencias estarán ahí y que dependen de la edad, la personalidad y muchos otros factores. Lamentablemente, los hijos de personas separadas, estadísticamente hablando, suelen tener más problemas. Una consecuencia que no se piensa es que, en caso de separación, sus hijos estarán expuestos a otra figura de referencia. Esta será la mujer o el hombre que quizás se convierta en el nuevo compañero de su pareja. Su expareja puede tener una nueva pareja o incluso más de una y esta puede ser una persona positiva o negativa para su descendencia. Una vez que deje a su pareja, ya no podrá decidir con quién debe salir su ex.

Resultados seguros de la relación extramatrimonial

Es matemático y la cuestión de a quién elegir entre marido (o mujer) y amante tiene varias respuestas posibles:

- Dejo a la pareja para irme con el amante
- Dejo al amante para quedarme con la pareja estable
- Sigo teniendo tanto amante como pareja.

La tercera de estas posibilidades no es factible a largo plazo. Entonces, si está pensando en mantener dos relaciones amorosas y no está en una relación oficial abierta, diría que es muy poco probable que una o ambas relaciones tengan una vida larga.

La primera hipótesis, aquella por la que la relación clandestina adquiere preponderancia es la más común. Los amantes (o uno de ellos) tiene unas ganas locas de vivir la nueva relación con su amante. La nueva relación es burbujeante, llena de desafíos, el amor es apasionado y romántico.

La nueva relación es un pozo de dopamina y sensaciones placenteras. La persona deseada es en muchos sentidos la "persona adecuada" y la que le hace soñar. Por esta razón, la solución número dos no mejora la mayor parte del tiempo. En los casos en que funciona, dejar al amante para volver a la pareja debe pasar absolutamente por un cambio radical en la pareja misma. Hay que abrir la crisis y cambiar la dinámica que llevó a la "casi" ruptura de la pareja. Si es posible con la ayuda de un consejero matrimonial.

Lo que más veces ocurre primero es: dejo a la pareja para irme con el amante. Decisión legítima y mejor si se toma razonando sobre las personas involucradas (ver párrafos arriba) y tomando en consideración algunos aspectos importantes que informo a continuación:

Ventajas y desventajas de dejar al marido para irse con la amante

El amor es algo fluido y cambiante. Tenga cuidado de no considerarlo como algo estable. Tenga cuidado de no pensar que el amor debe coincidir con la primera fase del mismo (enamoramiento romántico - según H. Fisher).

Son muchas las teorías que han intentado estructurar el amor y todas coinciden en un hecho: que se trata de una sucesión de fases de distinta intensidad y duración. Los primeros de ellos son los más poderosos y abrumadores. El amante suele ser el protagonista de una fase inicial del amor. Aunque el amante haya existido durante años, lo que mide el tiempo de este nuevo amor son las horas que pasan juntos. Doy un ejemplo.

Una mujer que ha tenido un amante durante un año, desde el punto de vista de la madurez de la relación, no puede considerarse como una relación de un año.

Estar con un amante durante un año significa verlo ocasionalmente por períodos limitados y es diferente de ver a una persona oficialmente sin límites y restricciones en condiciones de no clandestinidad. Entonces, para resumir: una relación clandestina que lleva mucho tiempo, no puede tener la misma madurez que una relación oficial de la misma duración. Por las razones antes mencionadas, una relación extramatrimonial suele durar más en la fase romántica y pasional.

¡Pero eso no significa que esta fase no termine! Ahora, no estoy diciendo que el amor de amante sea una estafa. Lo que quiero hacer es llevar a la racionalidad el hecho de que las emociones que siente son muy poderosas y cambiarán. La elección de estar con su amante es importante e involucrará el resto de su vida, por lo que es bueno considerar la tendencia a largo plazo de la relación y no tomar decisiones basadas únicamente en el corto plazo.

También hay ventajas y desventajas bastante obvias: Algunas de ellas son (ventajas): poder pasar tiempo con el nuevo amor, vivir con él, compartir algunas cosas que ahora están prohibidas, satisfacer ese deseo de hacer actividades con él y seguir la idea de tener mucho en común. Algunas desventajas obvias son (además de las mencionadas anteriormente) tener que reorganizar la vida social y económica, tener que hablar con la familia de origen y con la de los que quedan, sobrellevar sentimientos de culpa por el dolor que inevitablemente se produce.

No mire a una pulgada de su nariz

Imagínese hacer un largo viaje y tener que decidir cambiar de medio de transporte. Está conduciendo algo que no le gusta y ve un vehículo mucho más bonito y atractivo. ¿Elegiría el nuevo vehículo para llevarle a su destino sin evaluar su confiabilidad? ¿Arriesgaría el costo de deshacerse del vehículo viejo sin saber cuánto le costará el nuevo? ¿Piensas que, en el caso de elecciones con efectos para el resto de su vida, es mejor basarte en sentimientos que sientes de inmediato o pensar en el largo plazo?

Un ejercicio útil para crear una perspectiva a largo plazo es imaginar cómo será dentro de 10, 20 o 30 años. ¿Cómo serán las personas involucradas en nuestra elección (vieja pareja, nueva pareja o algún hijo)? ¿Cómo estarás? ¿Hay algún valor que te arriesgues a violar y que te cambie radicalmente? ¿Te gustaría verte a ti mismo como el que ha renunciado a un amante o una pareja? En esta valoración, además de las implicaciones a largo plazo, entran en juego los valores propios.

En la práctica, hay personas que deciden quedarse con su cónyuge solo porque nunca querrían enseñar a sus hijos una enseñanza que consideran incorrecta. Otras personas piensan que lo más importante es enseñar a los niños que se puede cambiar. Lo que repito es que lo que está bien o mal solo lo puede decidir usted. Mi oración en este punto es que considere la elección de manera integral y reflexione sobre lo que he escrito. Sea cual sea su decisión, mi deseo es el de una vida feliz.

Cansancio parental en la pareja: hacer las preguntas adecuadas

Síntomas

Falta de disponibilidad, falta de tiempo para dos, tensión, fatiga, estado de ánimo alterado, diferencias educativas, carga mental al borde de la implosión, libido minada, distancia...

Sin embargo, aquí hay algunas preguntas que es bueno hacerse antes de tirar la toalla:

•	Ya no quiero a mi pareja porque estoy cansada, pero en términos absolutos ¿me atrae?
•	¿La relación amenaza mi integridad, dignidad o bienestar?
•	¿Estoy enojada con él, también, porque estoy cansada?
•	¿Compartimos los mismos valores?
•	¿Compartimos los mismos valores educativos a pesar de algunos puntos naturales de divergencia?
•	¿Cómo me sentiría si estuviera sin él?
•	¿Lo considero un buen padre para nuestros hijos?
•	¿Estoy apegado a nuestra familia?
•	¿Son modificables los puntos que le reprocho?
•	Aunque imperfecto, ¿está absolutamente atento a mis necesidades?

Aquí hay algunas herramientas para enfocarse en lo positivo

•	Recordar los valores comunes
•	Recordar lo que les gustaba el uno del otro en la primera reunión.
•	Recordar qué padre/madre es
•	Ponga los momentos de fatiga e ira en perspectiva
•	Resignificar los momentos de cansancio y enfado a la paternidad y no a la pareja exclusivamente.
•	Recordar por qué el otro es esencial para la familia

• Recordar que el otro es diferente en muchos aspectos, pero por algo se unieron al principio.

• Apreciar la familia que construyeron juntos

• Encontrar el sentimiento de gratitud.

Todas estas herramientas le permitirán tomar distancia de una cotidianidad a veces ingrata, sin confundir el cansancio, la rutina y su sentimiento de amor. Es importante desprenderse del sentimiento de cansancio parental para aprender a volver a apreciar a la pareja en su verdadero valor, a pesar del estrés, a pesar del día a día.

La vida después de la traición

Según las estadísticas, las relaciones después de la traición de una esposa u esposo rara vez mejoran. Los psicólogos dan algunos consejos sobre qué hacer si uno de los cónyuges se entera de la traición del otro.

• No hay necesidad de apresurarse a sacar conclusiones y tomar decisiones finales.

• Es necesario tomarse un "tiempo fuera" para "recuperarse" después de un shock emocional.

• Si hay algún familiar cercano o amigo en el entorno en quien se pueda confiar, se debe compartir las experiencias con él. Pero lo principal es que una persona puede simplemente escuchar, sin dar ningún consejo.

• Cuando las primeras emociones están equilibradas, es necesario analizar la situación actual.

Los psicólogos señalan que muchas parejas no pueden continuar con su vida después de la infidelidad, porque no quieren hacerlo debido a un profundo resentimiento. Otros no quieren hablar entre ellos sobre la situación actual y averiguar las razones por las que esto sucedió. El problema es que la gente no sabe perdonar. Para perdonar a una pareja, una persona debe satisfacer sus propias necesidades de atención, apoyo moral y aceptación. Y estas son todas preguntas psicológicas. Y si no se resuelven a tiempo, esto puede acarrear consecuencias irreversibles en la relación.

#########